作者简介

魏礼群，江苏睢宁人，曾任国家计委政策研究室主任，体制改革和法规司司长，国家计委副秘书长、党组成员兼秘书长；中央财经领导小组办公室副主任，国务院研究室主任、党组书记；国家行政学院党委书记、常务副院长，第十一届全国政协文史和学习委员会副主任。中国共产党第十六届、十七届中央委员会委员。

长期从事国家政策研究和重要文稿起草工作。曾参加1985年中国共产党全国代表大会文件和中国共产党十三大、十四大、十五大、十六大、十七大、十八大政治报告以及许多次中央全会重大决定的起草；1999年至2008年连续10年负责国务院总理在全国人民代表大会上《政府工作报告》的起草；参加中华人民共和国国民经济和社会发展第六、第七、第八、第九、第十、第十一、第十二个五年计划（规划）重要文件起草；负责或参与了50多个对推进中国改革开放和现代化建设具有重大作用的课题研究，包括从中国国情出发进行社会主义现代化研究，建立社会主义市场经济体制研究、《邓小平经济理论研究》、《科学发展观研究》、“四个全面”战略布局研究等，取得一大批对党中央、国务院决策有重要价值的科研、咨询成果。先后出版著作16部，主编著作30多部。在全国性报刊《红旗》《求是》《人民日报》《光明日报》等发表理论文章200多篇。2009年被评为影响新中国60年经济建设的100位经济学家之一。

目前主要社会兼职有：全国社会科学基金应用经济学组组长，中央马克思主义理论研究和建设工程咨询委员会委员，国家哲学社会科学研究专家咨询委员会委员，中国行政体制改革研究会会长，中国国际经济交流中心学术委员会主任，中国旅游智库主任；国际行政院校联合会副主席；国家行政学院、中国人民大学、北京师范大学、上海财经大学教授、博士生导师等。

大力发展旅游业

推进旅游强国建设

——学习中共中央“十三五”规划建议的体会

魏礼群　著

中国言实出版社

图书在版编目(CIP)数据

大力发展旅游业推进旅游强国建设 / 魏礼群著.
—北京：中国言实出版社，2016.4
ISBN 978-7-5171-1846-6

Ⅰ. ①大… Ⅱ. ①魏… Ⅲ. ①旅游业发展—研究—中国 Ⅳ. ①F592.3

中国版本图书馆CIP数据核字（2016）第066646号

出 版 人：王昕朋
责任编辑：肖 彭
文字编辑：张 强
封面设计：王立霞

出版发行 中国言实出版社
地 址：北京市朝阳区北苑路180号加利大厦5号楼105室
邮 编：100101
编辑部：北京市海淀区北太平庄路甲1号
邮 编：100088
电 话：64924853（总编室）64924716（发行部）
网 址：www.zgyscbs.cn
E-mail：zgyscbs@263.net

经 销 新华书店
印 刷 北京温林源印刷有限公司
版 次 2016年4月第1版 2016年4月第1次印刷
规 格 850毫米×1168毫米 1/32 1.25印张 1插页
字 数 20千字
定 价 10.00元 ISBN 978-7-5171-1846-6

大力发展旅游业 推进旅游强国建设

——学习中共中央“十三五”规划建议的体会

党的十八届五中全会通过的《中共中央关于制定国民经济和社会发展第十三个五年规划的建议》，从党和国家战略全局出发，明确提出了“十三五”规划的指导思想、基本原则、目标要求、基本理念、重大举措，描绘了未来五年国家发展蓝图，是指导和动员全国人民夺取全面建成小康社会的纲领性文件。在这个历史性文献中明确提出：“大力发展旅游业”。这是一项重大的决策部署。今天，我主要就学习领会和贯彻落实中央关于“大力发展旅游业”的决策部署，讲几点个人学习体会，主要讲为什么要大力发展旅游业，发展什么，怎么发展，如何实现发展，与大家一起交流。

一、大力发展旅游业是关乎国家发展全局和长远的战略决策

“十三五”时期是中国发展历史上极为重要的时期，这

是全面建成小康社会的决胜时期，也是我国社会主义现代化建设两大发展战略阶段，即全面建成小康社会和基本实现现代化两大战略阶段的承上启下时期，还是我国经济发展爬坡过坎，跨越“中等收入陷阱”的关键时期。在如此重要时期，中央为什么强调“大力发展旅游业”？我认为，这是中央统揽国家发展全局、顺应我国发展新趋势新任务新要求，以及准确把握新的历史条件下旅游业丰富内涵、战略地位和特殊作用，所作出的重大决策。

第一，大力发展旅游业，是我国经济社会发展阶段性变化的客观趋势。经过新中国成立特别是改革开放以来的持续努力，目前我国经济社会发展又呈现阶段性新变化，主要标志是整个经济向形态更高级、分工更优化、结构更合理、服务业占主导地位的发展阶段演变；消费结构升级加快，由生存型消费向发展型、享受型消费过渡，旅游消费日趋成为居民生活的基本需要。也就是说，我国已进入大众旅游时代。在这种情况下，旅游业作为综合性、战略性、支柱性产业，作为关联度强、功能性多、带动力大的行业，在国民经济和社会发展中的重要地位和作用越来越显著。按照国际上旅游业发展的一般规律，人均 GDP 达到 5000 美元时，旅游业进入爆发式增长期。2015 年，我国人均 GDP 已超过 8000 美元，预计 2020 年人均 GDP 将达到 1.2 万美元。全国 13 亿多人口又处在消费结构快速升级阶段，有着极大而丰富的旅游市场需求。因此，我国旅游业必须有更大规模和更高水平的发展。

第二，大力发展旅游业，是我国经济发展转入新常态的必然要求。党的十八大之后，以习近平同志为总书记的党中央根据我国经济发展的现实状况和客观要求，提出并引领经济发展转入新常态，即速度换挡、结构调整、动力转换，提出并着力推进供给侧结构性改革，这是使我国经济持续健康发展的战略抉择。经济发展转入新常态是一个复杂的、需要经受阵痛的过程。近两年来，由于多方面的原因，经济下行的压力加大，结构性矛盾突出，新的动力转换缓慢。在这种情况下，旅游业在稳增长、调结构、增就业和新旧动力接续中的作用更加突出，已经成为促进投资和消费、拉动基础设施和公共服务建设、稳增长和就业创业的关键驱动力。据世界旅游组织统计，旅游业每收入1元，可带动相关产业增加收入4元以上，旅游业能够影响、带动和促进与之相关联的110多个行业发展，包括对民航、铁路、公路、餐饮、住宿、商业、通讯、会展、博览、金融、文化、娱乐、体育等行业都有不同程度的拉动作用。从实施供给侧结构改革看，实行去部分行业过剩产能、优化供给结构、增进供给体系质量和效率，必须大力发展服务业特别是旅游业。而各类资本、各个地方都可以发展旅游业。近两年，城乡旅游消费增长连续高于GDP的增长，旅游业投资增长明显高于全社会投资的增长，都说明旅游业在经济发展新常态下的作用越来越大。

第三，大力发展旅游业，是决胜全面建成小康社会的重要支撑。夺取全面建成小康社会的伟大胜利，需要全面实现既定的到2020年奋斗目标任务，包括经济保持中高速增长，产业迈向中高端水平；人民生活水平和质量普遍提高，就业比较充分，贫困人口实现脱贫；国民素质和社会文明程度显著提高；生态环境质量总体改善；各方面制度更加成熟更加定型。实现这些目标任务，旅游业都可以发挥举足轻重的作用。发展旅游业，对于充分挖掘内需潜力，打造经济增长新引擎具有重要拉动作用；对于发展现代服务业，促进产业结构转型升级、提质增效具有重要推动作用；对于增进人民福祉、改善民生、增加就业、脱贫攻坚、补发展短板具有重要支持作用；对于陶冶人的道德情操、弘扬向善向上风尚，提高国民素质和文明程度具有重要促进作用；对于发展绿色经济、低碳经济，建设美丽乡村、美丽社会、美丽中国具有重要拉动作用；对于规范旅游市场秩序、提高旅游治理水平，从而全面推进国家治理体系和治理能力现代化具有重要基础作用；对于协调推进"五位一体"建设布局、加快社会主义现代化具有多方面的重要作用。总之，在决胜全面小康社会的各项目标任务中，都需要旅游业充分发挥优势和独特的重要作用。

第四，大力发展旅游业，是新形势下扩大公共外交的有效渠道。旅游外交是国家外交工作的重要组成部分，国际间的旅游活动是公共外交和国际人文交流的重要平台。随着我国国际地位的提升和人文交流的扩展，开展旅游外交、服务国家外交大局越来越重要。近年来，党和国家领导人多次出席旅游重大外交活动，签署双方举办旅游年和旅游交往协议，与印度、韩国、中东欧等成功举办系列旅游活动，中国政府确定2016年与联合国世界旅游组织共同举办首届世界旅游发展大会，国家旅游局局长作为国家主席习近平的特使出席汤加国王加冕典礼。这些既服务于国家外交大局，增进了国家间关系，又扩大了民间合作交流。国际间旅游交往的扩大，也有利提升我国旅游国际话语权，为我国改革发展营造良好的外部环境。

第五，大力发展旅游业，还是提升我国软实力和影响力的战略举措。旅游业是综合性产业，关联性强，功能性多，不仅具有经济价值、投资价值、消费价值、休闲价值，而且具有政治价值、文化价值、社会价值，与中国特色社会主义各项事业、各个领域紧密相连，在经济建设、政治建设、文化建设、社会建设、生态文明建设中，在对接服务国家大局和提升国家国际地位和软实力方面，都可以发挥独特的、十分重要的作用。大力发展旅游业，既有利于充分发挥我国丰富的旅游资源优势，提高旅游整体发展水平和质量，做大做强旅游业，增强我国旅游业的吸引力、影响力、竞争力，也有利于促进经济、政治、文化、社会、生态建设全面协调发展，更好建设经济强国、文化强国、现代化强国，还有利于向世界展示我国社会制度和中华文化的强大生命力与优越性，增强中国特色社会主义的道路自信、理论自信、制度自信。

总之，我们要站在国家全局和战略的高度，深刻认识中央关于“大力发展旅游业”这个重大决策的现实意义和长远意义，不断增强做好旅游工作的自觉性、主动性，积极推动我国旅游业实现更大的发展，加快建设世界旅游强国。

二、切实以发展新理念引领和推动旅游业持续健康发展

“十三五”时期，我国旅游业面临重大发展机遇，迎来“黄金发展期”，也对旅游业发展提出了更高的要求，既要服务于决胜全面小康社会，又要推动旅游大国向旅游强国迈进。统观全局，要用好旅游业发展重大机遇，实现更高水平的发展目标，至关重要的，是要牢固树立和切实贯彻党的十八届五中全会《建议》提出的五大新发展理念，即“创新发展、协调发展、绿色发展、开放发展、共享发展”，用新的发展理念引领和推动旅游业实现更大更好发展。

习近平总书记指出："发展理念是发展行动的先导，是管全局、管根本、管方向、管长远的东西，是发展思路、发展方向、发展着力点的集中体现。"《建议》强调的创新、协调、绿色、开放、共享五大新发展理念，是关系我国发展全局的一场深刻变革，是"十三五"乃至更长时期我国发展思路、发展方向、发展着力点的集中体现，反映出我们党对我国发展规律的新认识新升华，对破解发展难题、增强发展动力、厚植发展优势具有重大的指导意义。我们旅游系统的各项工作，包括"十三五"规划的制定和年度任务的确定，都应当符合和体现这五大新发展理念。

（一）实施创新发展，着力提升旅游业发展质量

建设旅游强国，根本上靠创新。要坚持把创新摆在旅游业发展全局的核心位置和引领发展的第一动力，积极实施创新驱动战略，将创新作为贯穿于"十三五"旅游业发展规划和各项工作之中。大力推进旅游业科技创新、体制创新、制度创新、管理创新、政策创新，拓宽发展新空间、构建发展新体系、推行发展新方式、创造发展新引擎。

鼓励有条件的地方建立旅游创新创业示范基地，支持建设一批旅游创新创业示范园区、示范企业，建立创新创业孵化平台，鼓励建设协同创新机制和平台，引导构建旅游产业技术创新联盟，将双加（互联网+、旅游+）、双创（大众创新、万众创业）结合起来，推动跨领域跨行业协同创新。促进旅游发展与科技深度融合，支持旅游科技型中小企业健康发展。实施“乡村旅游创客行动计划”，遴选一批“旅游+互联网”创新示范基地，支持建设一批旅游业的网络众创空间。

用供给创新引领需求，在全国旅游资源富集、特色鲜明、条件成熟的地区，规划建设和培育一批旅游新增长极和新热点。加快推进海洋旅游、乡村旅游、都市旅游、生态旅游、冬季旅游等发展，拓展新空间。加大对中西部地区、贫困地区旅游创新发展，培育新的旅游空间和区域。

适应居民旅游消费升级趋势，开发旅游新产品、新业态，大力发展休闲度假产品、文化旅游、健康养生旅游、自驾车房车旅游、拓展红色旅游。大力发展研学旅游市场，开展多种形式的研学旅游活动。大力发展老年旅游，规范老年旅游服务，鼓励开发多层次、多样化的老年旅游产品。开发婚恋旅游市场，培育婚恋旅游目的地和婚恋旅游产品体系。拓宽旅游购物市场，更好实施境外旅客购物离境退税政策，进一步增加进境口岸免税店，吸引出境购物回流。

着力建设一批具有世界级品牌影响力的旅游城市、旅游景区、旅游饭店、旅游线路、旅游目的地、旅游院校等。鼓励优势旅游品牌企业发展连锁经营，实现旅游品牌价值和资产价值同步跃升。对品牌建设和品牌影响力取得重大进展的旅游企事业给予奖励和扶持。鼓励和支持旅游企业以品牌为纽带，进行联合、重组和投资合作。鼓励和支持旅游企业通过海外并购等多种方式创造和发展知名品牌。

鼓励旅游院校与企业之间组建旅游创新创业联盟，开设旅游创新创业实践基地，搭建国际旅游教育与交流平台。鼓励设立各类旅游创业创新人才培训计划、奖励机制。

推动建设国家旅游创新体系，设立国家旅游重大科技专项，建设国家旅游数据中心和国家旅游产业运行监测和应急智慧平台。鼓励将旅游企业培育成为创新主体，培育新型互联网旅游龙头企业。

（二）实施协调发展，着力提升旅游整体发展水平

协调发展是旅游产业持续发展的内在要求。旅游产业的协调发展重在补齐发展短板，解决发展不平衡问题。一是从空间角度，促进城市和乡村、东部地区和中西部地区旅游协调发展。加快完善乡村旅游基础设施和公共服务建设，推动乡村旅游产品提档升级，逐步提高乡村旅游发展水平。加快完善中西部地区的交通、道路等基础设施和公共服务体系建设，充分利用中西部地区丰富的旅游资源和优质的生态环境，推动以文化、生态为特色的主题产品开发。二是从产业构成角度，推进各地区餐饮、住宿、交通、景区、购物、娱乐等要素行业均衡发展，为游客提供最优的旅游产品和服务体验；推动旅游各要素行业开发不同价位、不同消费等级的旅游产品和产品组合，满足不同消费水平游客的需求。

推进旅游供给与需求协调发展。人民群众对旅游的需求旺盛，旅游供给总量不足和结构性短缺的现象并存。将旅游业作为供给侧改革的重点，提升旅游供给质量和效率，释放和满足旅游需求。实施积极的旅游财税政策、市场决定的价格政策、合理的旅游用地政策和多样化的信贷政策，形成旅游业供给能够满足多元化多层次需求。

推进旅游区域协调发展。我国一直没有编制区域旅游发展布局和功能分区规划，差异化发展不够。要制定实施《全国旅游发展布局规划》，促进区域旅游产品和特色互补发展。推进不同层级和类型的区域旅游合作，构建各类区域旅游共同体。支持建设跨区域黄金旅游线路、跨区域国家风景廊道。

推进全区域旅游发展。建设全区域旅游示范省市和推进旅游强县建设。高度重视持续建设环城游憩带建设工作，丰富发展城乡过渡型旅游业态。积极推动新型城镇化建设与现代旅游产业发展有机结合，建设一批全国特色旅游城镇和特色景观旅游名镇，大力推进特色景观旅游村镇建设。

推进旅游硬环境和旅游软环境协调发展。继续大力推进旅游基础设施和公共服务体系建设，深入推进旅游厕所革命，加快推进旅游停车场、旅游特色交通、景区道路建设，着重发展旅游集散中心、旅游咨询服务点、旅游公交、在线旅游服务等旅游公共服务设施建设，优化旅游要素结构，打造全产业生态链。重点提升刚性旅游消费质量和附加值，提高弹性消费的比例。总的看，我国“重硬轻软”的现象还比较突出，旅游服务质量总体水平差距较大，旅游人才短缺成为旅游业发展瓶颈。迫切需要实施旅游业软件开发和质量提升工程，着力提高旅游公共服务体系和人才开发，完善有利于旅游发展的制度建设，注重提升旅游服务水平和质量。大力实施旅游标准化工程，加快完善旅游标准体系，强化旅游标准管理。

（三）实施绿色发展，着力提升旅游生态文明价值

坚持绿色发展，就是遵循自然规律，注重节约资源和保护环境，形成游客和自然、游客和社会的和谐发展。一是在旅游开发中，坚持保护优先，注重保护自然环境、文化资源和民俗传统，保持原生态美，适度开发、合理开发。积极推进绿色旅游、生态旅游、低碳旅游、善行旅游，实

现旅游业绿色发展、循环发展和可持续发展。二是在旅游发展中，注重对闲置产能的旅游开发、利用，提高资源利用效率。对绿色旅游新业态发展，给予更多的支持。三是推行绿色消费方式，倡导游客在“吃、住、行、游、购、娱”各环节上崇尚节约的旅游消费观。引导企业实施绿色标准、绿色管理，开发绿色产品，研发绿色技术，实现绿色发展。引导游客树立绿色旅游价值观，培育绿色旅游文化、绿色旅游伦理。四是构建绿色发展机制，创新相关制度安排。构建源头预防、过程控制、损害赔偿、责任追究的绿色管理制度，形成旅游开发与生态环境保护良性互动运行机制。建立旅游生态补偿制度。对生态旅游区实施生态环境审计和问责制度，对国家公园、国家旅游生态示范区等环境敏感型景区实施旅游负面清单制度和环境公益诉讼制度。推行政府抽查和社会监督相结合的监管制度。五是实施绿色发展规划，坚守生态环境保护红线。实施最严格的旅游生态环境保护制度，严格旅游项目生态环境评价，推出旅游功能区划分，优化国土空间开发格局。六是实施旅游行业节能减排计划。节约集约旅游用水、用地，加强旅游用水需求规划与管理，推广高效节水技术和产品，建设节水型景区、节水型酒店和节水型旅游村镇。开展旅游产业重点环节的节能低碳行动，实施旅游能效提升计划。构筑循环型旅游产业体系，提高旅游业资源产出率。七是构建绿色旅游产品认证体系。推广“国家绿道、绿色酒店、绿色景区，绿色旅游商品”等绿色产品体系，推行绿色旅游产品认证制度、绿色旅游企业认证制度。推进国家公园、国家自然风景廊道、生态旅游示范区、国家生态文明旅游示范区等相关绿色旅游发展试点工作，重点建设国家西部生态文明旅游示范区和国家东部生态文明旅游示范区。

（四）实施开放发展，着力构建旅游业开放新格局

要发挥旅游业在国家外交和对外开放合作中的纽带和桥梁作用。深化旅游外交合作，不断提高对外开放水平，形成互利共赢、多元平衡的旅游开放和外交新格局。

大力推进旅游外交，服务于中国整体外交、经略周边及“一带一路”国家战略，不断深化中国与世界大国、周边国家、传统友好国家的旅游合作交流，构建旅游开放合作新格局。务实推进我国与欧洲、北美、亚太、中东、非洲等在旅游领域中的国际交流与合作。深化中美旅游对话与合作，办好中美旅游年。全面加强中俄旅游交流，拓展中俄红色旅游合作新领域。推进中英、中法旅游合作。举办中韩、中印旅游年和中国—东盟旅游博览会，推进与韩国、印度、东盟等周边国家的旅游合作交流。扩大与传统友好国家和发展中国家的旅游交流。

着力深化“一带一路”国际旅游合作。加强与沿线国家旅游投资合作，联合打造有丝绸之路特色的国际精品旅游线路和旅游产品；依托丝绸之路沿线各国认知度、共识度高的文化资源，打造旅游文化节庆活动，构建旅游文化品牌，全面提升丝绸之路旅游品牌的国际知名度和影响力。推动21世纪海上丝绸之路旅游合作。

着力提升国际旅游竞争力。制定实施中国国际旅游竞争力提升战略和行动计划。推进入境旅游签证便利化，推动符合条件的口岸开展外国人签证业务，完善外国人72小时过境免签政策，逐步扩大实施范围。优化邮轮入境政策，简化入境旅游通关手续。优化完善旅游商业环境，丰富旅游文化内涵。完善入境旅游服务体系，把握国际游客出游特点，提供多语种的旅游电子地图和信息服务，提升入境游客满意度。

着力构建国际旅游合作发展新平台。一是积极推进建设一批跨境旅游合作区、边境旅游实验区建设，建立一套申报、筛选、结对、管理、评估的规范程序。二是集中力量举办2016年世界旅游发展大会，2017年世界旅游组织第22届全体大会、2018年世界旅游业理事会大会。以举办这些国际旅游大会为契机，加大旅游国际交往与合作。鼓励、支持在中国建立全球导游工作者协会、国际旅游志愿者联合会、国际旅游扶贫联合会等国际性旅游组织，影响和引领全球旅游业发展。三是发起推动成立世界旅游发展研究中心，提升中国在国际旅游事务中的话语权和规则制定权，扩大中国在国际旅游组织中的影响力，积极参与国际旅游组织活动。

着力推动中国旅游业“走出去”。配合国家“走出去”战略，制定实施中国旅游业“走出去”发展战略。鼓励有条件的中国旅游企业进行海外投资和并购，积极参与全球旅游产业分工与合作。鼓励旅游企业利用国外国内两种资源、两个市场，建立主要面向中国公民的海外旅游接待体系。引导中国公民出境旅游，推动中国公民主要出境旅游目的地国家完善媒体、导游、景区等中文服务体系。

继续深化与港澳台旅游合作。推动澳门世界旅游休闲中心加快建设进程和经济适度多元发展，促进广东横琴与澳门旅游协同发展；支持香港建设多元旅游合作平台，打造香港国际旅游投资融资中心。鼓励香港、澳门发挥独特优势，参与助力“一带一路”旅游建设。深化海峡两岸旅游合作，推动海西经济区对台旅游交流。利用广东、福建自由贸易试验区建设契机，进一步扩大对港澳台地区旅游领域开放。

（五）实施共享发展，着力推动旅游普惠民生

坚持大众参与、全民共享的发展理念，保障人民群众公平享有旅游权利，使旅游业发展成果更加普惠全体人民。

主动服务国家扶贫攻坚。大力实施旅游精准扶贫工程，制定全国集中连片特困地区和旅游扶贫试点村旅游发展规划，加快推进建档立卡贫困村旅游资源普查工作，针对有条件的贫困村大力发展旅游业，确保旅游扶贫精准到村、到户、到人。重点支持旅游基础设施和公共服务体系建设，大力扶持家庭旅馆、纪念品店等旅游扶贫项目建设。支持各地结合实际出台旅游扶贫政策。完善旅游扶贫动态跟踪机制，强化旅游扶贫工作考核和评估检查。

发挥旅游领域就业岗位多的优势，促进旅游大众就业、万众创新。引导和支持返乡农民工、大学毕业生、专业技术人员等围绕发展旅游服务实现自主创业。鼓励农村居民通过资金、人力、土地参与乡村旅游经营获取入股分红。支持旅游企业参与集中连片贫困地区的旅游开发，推进各类旅游企事业单位和社会组织与旅游扶贫村对口帮扶。鼓励农民直接参与旅游经营，支持农民开办农家乐、经营乡村旅馆。积极开展旅游志愿者服务活动，吸引学生、退休人员、公益组织参与到旅游志愿者服务中。推出一批志愿者讲解员、志愿者导游员。

保障儿童、学生、老年人旅游权利。对老年人和学生等特殊群体，研究出台旅游保险补贴政策。完善面向老年人、残疾人等人群的旅游服务标准、景区建设规范。逐步扩大免费景区范围，落实有关门票价格减免优惠政策，鼓励降低门票价格。

加强文明旅游宣传教育，传播行业正能量。同时，加强文明旅游警示教育，惩戒旅游不文明行为，发挥警示教育作用。积极推动将游客不文明行为纳入法律法规规范，依法对不文明旅游者的追责，加重对不文明行为的处罚。

共建共享安全旅游环境。完善旅游应急救援体系，建立旅游安全预警机制，努力编织旅游安全防护网。加强境外旅行安全提示、热点景区景点最大承载量警示、旅游目的地安全风险提示等旅游安全提示信息的发布渠道建设，提高安全提示信息的受众面和时效性、新模式。完善旅游保险保障体系，继续实施旅行社责任保险全国统保示范项目，推动住宿、旅游交通及高风险旅游项目等经营者实施责任保险制度；继续深化“旅保合作”机制，推动保险机构完善旅游保险产品和服务。提高出境旅游保险保障和服务水平。

实施创新发展、协调发展、绿色发展、开放发展、共享发展，既是旅游业发展的转升级，又是对现代旅游业内涵的丰富发展，增强旅游发展整体性、优质性、协调性、包容性、可持续性，可以顺利实现由小康型旅游大国向全面建成世界旅游强国奠定更加坚实的基础。

三、实现旅游业更大更好发展需要把握好的关键环节

贯彻落实中央关于“大力发展旅游业”的重大决策，开辟我国旅游业发展新境界、新局面，向全面建设旅游强国迈进，既要明确前进的正确方向，还要把握好重要关键环节。

（一）认真制定旅游业中长期发展规划

通过制定实施中长期规划引领、推动发展，是我国发展模式的重要特色，也是中国道路成功的重要元素，制定好规划无论是对于国家整体发展还是旅游发展都至关重要。

习近平总书记指出：“规划科学是最大的效益，规划失误是最大的浪费，规划折腾是最大的忌讳”。现在，我国正处于由旅游大国向世界旅游强国迈进的关键阶段，更必须切实加强和改进规划工作，一定要把旅游业中长期规划制定好。

首先，编制好旅游业“十三五”发展规划。要充分体现五大新发展理念，科学引领旅游改革发展。一是做好与国家国民经济和社会发展“十三五”规划相衔接，同时做好与城乡、国土、交通等多种规划的衔接和协调，以及一带一路规划、长江经济带规划、京津冀协同发展规划等国

家重大规划的衔接和协调，与国家重大规划更加紧密结合，争取更好体现旅游业地位、布局、功能，使“十三五”旅游发展规划在多种规划融合中提升战略性、操作性和落地性。二是各省、自治区、直辖市“十三五”旅游业发展规划和重点旅游企业发展规划要与全国旅游业“十三五”发展规划相衔接，使规划更有指导性和可行性。各级规划都应突出重点，特别是要研究确定一批重大工程、重大项目、重大政策。要更好地发挥市场对于资源配置的决定性作用，更加重视发挥企业作为市场主体的能动性作用。三是将全国旅游系统正在推进的重点旅游工作，系统化集成，纳入“十三五”旅游规划，使规划编制与实际工作紧密结合，强化规划实施的工作基础。四是广纳群言、善聚民智。通过网络、媒体等渠道广泛征求意见，使规划编制过程成为最大程度凝聚社会共识的过程。进一步开辟公众参与渠道，创新公众参与方式，提高公众参与程度和建言献策质量，使旅游业发展规划更大程度反映公众和市场需求。

其次，加强旅游业发展规划体系建设。一是在制定实施“十三五”规划的基础上，建议研究制定《2025 中国旅游规划》，谋划未来 10 年中国旅游业发展，还要谋划《2050 旅游远景发展战略规划》。二是加快制定旅游信息化发展规划、红色旅游规划、乡村旅游规划等重点领域专项规划。三是抓紧完成“一带一路”旅游规划、京津冀旅游一体化规划、长江旅游带发展规划及国家生态文明旅游区等重点区域规划编制工作。四是着手研究黄河旅游带、长城旅游带、运河旅游带、大东北旅游圈发展总体规划；启动跨区域旅游经济带、跨区域旅游圈、跨区域增长极区域旅游提升战略工作。通过健全中长期发展规划和重大专项规划体系，增强引导建设世界旅游强国的预见性、科学性和实效性。

（二）积极推动旅游业供给侧改革

供给侧结构性改革，重点是通过深化改革，破除制度障碍，实行政策创新，推进供给体系的调整优化，减少无效和低端供给，扩大有效和优质供给，提高全要素效率，增强供给结构对需求变化的适应性和灵活性，引领培育新需求。这是对整体经济发展的要求，也是对旅游业发展的要求。

供给侧结构改革的一个重要任务，是加快发展现代服务业，推动我国社会生产力水平整体改善。而旅游业显然是朝阳产业，是现代服务业领域最闪亮的“星星”，在“供给侧改革”中能发挥重大作用。

“大众旅游时代”呼唤供给侧改革。当前我国旅游业发展供给端的突出矛盾表现在以下三个方面：一是旅游基础设施和公共服务体系供给不足，特别是每到节假日多数旅游景区、景点一票难求，游客进不去、出不来。二是旅游产品不丰富，相当旅游景区只是门票收入，满足不了游客需要。三是旅游服务缺失，导游能力不足，特别是诚信服务不够，欺客宰客行为时有发生。

在着力推进供给侧结构性改革中，旅游业承担两大使命，一方面是提升现代服务业在整个经济社会发展中的功能作用，另一方面是改善旅游业结构以及提升旅游自身体系的供给质量和效率。

休闲制造业的高速发展将带来巨大市场，盘活存量成为缓解我国部分行业产能过剩的重要抓手。中国制造业的产能过剩不但需要向外转移，更需要通过休闲制造业发展向国内转移，造福民生。随着旅游市场规模的扩大，旅游业理应成为新供给端的新动能。随着供给侧改革的深化，通过抓旅游业来抓服务业，进而改善供给将成为许多地方的共同选择。旅游业必将成为新供给时代需要重点发展的领域。

旅游业既要为整体供给侧结构性改革作贡献，又要在改革发展中优化提升自身的供给结构和质量；只有推动自身供给结构改革，才能实现旅游业的转型升级、提质增效发展。应把推动旅游供给侧结构性改革作为“十三五”旅游业科学发展的主要任务，着力抓好以下几个方面：

一是紧盯旅游市场结构变化。虽然旅游市场结构更多是从需求端进行审视，但也为旅游业推进结构性改革提供重要的思路和方向。这就需要认真研究市场需求变化，相应提供旅游市场供给。第一是入境、出境、国内旅游市场。尽管出境旅游发展很快，成为旅游市场的最大热点，但从供给角度看，我们的主要工作还是应该放在大力发展入境旅游和国内旅游上。应根据不同的境外客源需求，有针对性地推出我们的旅游产品。要适应国内旅游的新趋势和新特点，优化传统旅游产品，开发新兴旅游产品，以满足游客需求。第二是不同层次的旅游市场。大众旅游依然是旅游业发展的主体，发展大众化旅游产品依然是主要工作。同时，由于中国庞大的人口基数，尽管目前中高端旅游市场比重不大，但绝对数额却相当可观；此外，中高端旅游对整个旅游市场具有很强的引领和示范作用，积极稳妥地发展中高端旅游产品是当下旅游行业迫切的任务。当然，在具体工作中也要防止不切实际地“一哄而上”，盲目发展所谓高端旅游。第三是重点群体的旅游市场。当前要重点开发面向2亿多老龄人口的旅游产品，要根据老年人的特殊需求改造景区景点、交通和住宿设施，完善相关旅游服务，为老年出游提供便利、优惠服务。要大力发展青少年旅游市场。家庭出游有巨大的潜力，要高度重视家庭旅游产品。比如，广东横琴长隆海洋主题公园，开业不到两年，接待游客突破2000万，其成功的秘诀之一就在于立足于为家庭游群体打造产品。

二是优化旅游产品结构。从大的角度看，旅游产品可以分为观光旅游、度假旅游以及特种旅游产品。过去业界谈旅游业转型升级，说得比较多的是要推动旅游业从观光旅游为主向度假旅游为主转变。实际上，观光旅游不可能消失，而且将长期保持很大的市场规模。之所以更加强调度假旅游，是因为过去我国对度假旅游重视不够；另外，从旅游发达国家经验看，随着旅游业的发展，度假旅游在整个旅游产品市场中的比例会逐步提高。因此，我们当前更为重要的任务是要多发展度假旅游产品。当然，不管是观光产品，还是度假、特种旅游产品，都应该更加关注游客的体验。在产品组织上，要多增加游客参与和体验方面的内容。除了观光、度假、特种旅游产品的分类方式外，以“旅游市场+特定资源”构成的旅游产品，也是观察旅游产品的一个视角。比如，“旅游+森林”构成森林旅游产品；“旅游+海洋”，构成海洋旅游产品，“旅游+中医药”形成中医药旅游产品。从这个意义上讲，促进旅游业的转型发展，需要将存量旅游资源进行有效的开发利用，形成增量的旅游产品。当前，除开发传统的自然文化旅游资源外，要特别注意利用社会资源发展旅游业。比如，北京市把传统的四合院民居加以改造利用，开发出“奥运人家”的旅游产品，就很受游客特别是深受外国游客的欢迎。

三是调整旅游产业结构。从严格意义上看，旅游业并非一般意义上的产业，而是围绕游客旅游的各个环节形成的供给集合。大体上讲，国家统计局发布的《旅游及相关产业统计分类》就体现了旅游产业的这种特点。而这一分类主要还是按照旅游活动涉及的吃、住、行、游、购、娱过程划定旅游业。一般而言，吃住行三个环节被认为是旅游的基本消费环节，游购娱被看作是非基本环节，也就是消费弹性较高的环节。当前，特别需要提高游、购、娱的比重。首先要做的是提升旅游景区。当前旅游景区发展水平良莠不齐，提升空间很大。解决的思路，一种是景区托管模式。由于旅游景区远比饭店情况复杂，加之许多景区托管公司自身也缺乏经营能力和相应的人才队伍，这种模式的成效如何还需要进一步观察。另一种是通过引入外来资本提升传统景区。比较成功的案例是，中信产业投资基金通过资本控股、经营管理团队重建等方式改造河北白石山景区，在很短时间内就成为河北旅游收入最高的旅游景区。当然，对外引资也需要防止一部分投资商占据着优质旅游资源而不实际开发利用的情况。除此之外，购和娱两个环节也很重要。对多年来着力很多，却收效甚微的旅游购物环节，可以考虑借鉴“金色宝藏”公司专门做寺庙高端佛教用品的思路，推动旅游景区点旅游购物的服务外包，通过专业化公司来提升旅游购物的设计和营销水平。再比如旅游娱乐，可以考虑在目前的旅游演艺之外，大力开发夜间旅游娱乐项目，增加游客的参与性。当然，吃住行三个基本消费环节内部也有结构优化的问题。像住宿领域，一方面不少高星级商务饭店经营困难；而另一方面许多特色民宿、主题酒店在市场上却大受追捧。我们应该调整过去以星级饭店为主的旅游住宿业发展方式，将工作重点放到特色主题住宿上。

四是改革旅游企业结构。这方面要鼓励发挥各种所有制旅游企业的优势，提高旅游供给质量和效率。鉴于我国旅游企业存在弱、小、散的状况，要通过相应措施提高旅行社行业的集中度，在目前的 2 万多家旅行社中形成一批具有引领作用的旅游企业。除此之外，在旅游企业结构中，各地比较关注的还有国有旅游企业重组的问题。目前北京、广东、浙江、江西、安徽、陕西等省（市）都成立了国有旅游企业集团，一些城市也成立了市属的旅游集团或者旅游投资公司。这些国有旅游企业对整合辖区内分散的旅游企业，提升政府对旅游业发展的引导能力具有积极的作用。但实际运行中，许多国有旅游企业也不同程度存在着机械组合多、协同发展少，本地经营多、跨区域经营少等问题。因此，还需要采取更为有效的改革措施，进一步激发国有旅游企业的活力和竞争力。

五是协调旅游区域结构。从大尺度看，旅游区域结构需要解决东中西部旅游业布局的问题。东部地区由于客源基础好，旅游业发展已经进入良性发展的轨道，基本形成了旅游业发展的内生机制。中部地区和西部地区随着交通条件的改善，特别是高铁建设进程的加快，旅游业开始出现井喷式发展的局面。如何依托大交通环境的改善，加快在中西部地区形成一批高质量的旅游项目，发展多元化、特色化、精品化的旅游产品，是未来旅游发展的重要任务。旅游业发展不应全面开花，要集中力量，着重推动形成一批重点旅游目的地、全域旅游示范区、旅游产业聚集区。除此之外，要形成分级发展的旅游区域布局。不能所有的城市都把建设国际旅游城市、国际旅游目的地作为目标。对旅游发展条件好的区域，要在资金、政策、体制等方面进行倾斜，支持其形成以旅游业为主导的发展格局。对旅游资源一般的城市，要推动其形成基本的旅游功能，并推动建设一些有特色的旅游项目。同时，每个城市都应该形成一些以服务本地市民为主的旅游休闲区、旅游休闲带，通过有效的旅游供给满足人民群众日益增长的旅游需求。

在优化以上旅游供给结构的同时，尤其要优化和提升旅游公共服务体系建设，推动旅游业转型升级，着力提高旅游服务质量和效率，改进旅游服务方式，优化旅游环境。这是推进旅游供给侧改革的重要方面。要制定和实施旅游质量提升与环境优化计划。进一步完善旅游目的地评价体系，完善以游客评价为中心、第三方组织的覆盖旅游各要素的旅游满意度调查评价体系，提高评价的公信度和权威性。与大旅游大数据企业合作，鼓励建立市场化、社会化的旅游质量评价体系，加强游客满意度调查评价信息的共享，建立健全旅游产业链和涉旅部门之间的规范协调和协商制度。督促有关行业、地区、企业改进和提高服务意识和水平，形成共同提升游客满意度的工作合力。

（三）进一步加大旅游业投入力度

要使旅游业有更大更好的发展，加快建设世界旅游强国，必须大幅度增加对旅游业的投入。

1. 加大财政对旅游基础设施建设的支持。交通等基础设施和公共服务体系是发展旅游业不可缺少的物质基础，具有典型的公益性、公共性和基础性。而这方面又是我国旅游业发展的短板，必须尽快改变这方面建设滞后的状况。

一是，加大政府对旅游基础设施建设的投资性支出。中央财政要逐步增加在旅游项目总投资中特别是增加对基础设施建设的投资，可以设立旅游基础设施建设专项资金，专门用于全国性的交通网络体系高速公路体系、铁路网络体系和航空网络体系提升，用于重大的旅游干道、旅游专列和旅游航线建设，用于国家级重点旅游景区包括国家风景名胜区、世界文化遗产、国家地质公园、国家历史文化名城重点保护街区等在内的基础设施和配套服务设施的建设。与此同时，地方财政也要不断增加对旅游业的投入，可以建立旅游基础设施建设专项资金，用于地方性的重点旅游景区的基础设施建设，并配套中央财政资金加强当地的交通网络体系、旅游交通体系和国家级重点旅游景区的建设。

二是，更多安排国债资金加强旅游基础设施建设。重点支持资源品位较高、发展潜力较大、所依托主要交通干线建设已基本完成的国家级或省级旅游景区的项目。国债资金的主要投向包括地区或城市的旅游咨询服务、旅游信息、提示、旅游紧急救援等公共服务体系，旅游集散中心游客中心、旅游厕所、标识标牌等公共服务设施，旅游国际航线、旅游支线机场建设、通往主要旅游景区的公路、铁路、水路客运公共服务体系建设，旅游景区配套的旅游道路、垃圾污水处理设施、供水供电设施、以及景区厕所、停车场、游客中心等配套基础设施建设、自然环境和文化遗产保护设施等。同时，允许有条件的地方政府发行地方国债，并将地方国债资金用于地方旅游公共服务体系建设、地方性的重要旅游景区基础设施建设中。

三是，加大中央财政对中西部地区旅游基础设施建设的支持力度。“一带一路”、“西部大开发”、“中部崛起”等国家战略的实施，中西部地区的基础设施逐步得到改善，但还存在着景区内部和景区之间交通网络尚未形成，旅游集散中心还未成型，旅游咨询服务站点和景区游客中心功能不健全，旅游厕所、停车场、旅游标识牌、垃圾污水处理系统等服务体系尚不完善等问题。中央财政应加大对中西部地区的支持力度，特别是要加大对革命老区、少数民族地区、边境地区、贫困地区的支持。利用旅游发展基金增加对旅游景区基础设施的开发补助。地方旅游发展基金要适当增加对旅游景区基础设施建设的补贴，支持当地旅游景区景点服务水平的提高。

2. 加大财政对旅游营销的支持，深度开拓旅游客源市场。旅游营销具有公共性和外部性的特征，政府应当加强财政支持。一是建立旅游品牌建设专项资金，从中央财政预算和旅游发展基金中列出旅游品牌建设专项资金，重点支持代表性、标杆性旅游品牌的建设和宣传，各级地方政府应从省级财政预算、旅游景区收入以及旅游税收地方所得部分中安排一定额度，设立旅游品牌建设专项资金，支持打造适合本地的旅游品牌。二是财政预算中设立旅游宣传促销专项资金，并提高旅游宣传促销费用在旅游发展基金中的支出比例，保证对旅游营销的资金支持。

3. 加大旅游重点项目建设资金投入。一是设立旅游重大项目建设专项资金。每年安排一定资金，采取以奖代投、以奖代补、财政贴息、财政补助等方式，重点支持重大旅游项目建设。扶持建设一批特色鲜明、影响力大、带动性强、经济社会效益好、竞争力强的大型旅游项目和精品旅游项目，丰富旅游市场供给，完善旅游产业链条，加快知名旅游目的地的打造，推动旅游产业的整体快速发展。二是支持推进国家级重点景区景点的建设和改造。积极争取中央国债资金支持重点景区的改造、扩建工程建设；降低民间资本进入门槛，吸引多元化的资金支持景区景点改造。三是整合地方财政旅游发展专项资金、服务业引导资金等专项资金，并吸引社会私募资金，发起设立旅游产业投资基金，重点支持地方旅游产业项目建设和旅游产品开发。

4. 加大对旅游企业扶持力度。一是加大财政资金支持力度。逐步扩大中央财政预算扶持旅游中小企业发展的专项资金规模，重点支持中小企业技术创新、节能减排、开拓市场、扩大就业，以及改善中小企业的公共服务。加快设立国家中小企业发展基金，发挥财政资金的引导作用，带动社会资金支持中小企业发展。地方财政也要加大对中小企业的支持力度。二是落实和完善税收优惠政策。包括营业税优惠措施，纪念馆、博物馆、文化馆、美术馆、展览馆、书画院、图书馆、文物保护单位举办文化活动所售第一道门票收入，宗教场所举办文化、宗教活动的门票收入免征营业税；企业所得税优惠措施，房产税、城镇土地使用税方面的优惠措施等。三是创新投融资机制，打造旅游企业融资平台。可以由财政注资，成立旅游融资担保公司，为中小旅游企业特别是旅游上下游企业提供信贷担保和财政贴息，缓解其融资难题。支持大型旅游企业或中小旅游企业联合发行企业债券，拓宽企业融资渠道。支持有实力、有竞争优势的大型旅游企业上市融资，实现做大做强。以政府投入为引导资金，打造多元化投融资平台，广泛吸收外资和民间资本，降低民营、外资企业进入旅游行业门槛，鼓励和吸引社会资本进入旅游行业各个领域，实现多种所有制旅游企业融合互补、共同发展。

（四）全面深化旅游业改革开放

实现旅游业的大发展，加快建设旅游强国，关键在深化改革、提高对外开放水平。

1. 完善旅游市场体系，推进旅游市场放开放活。一要进一步完善统一、公开、平等、规范的旅游市场准入制度，充分发挥市场在旅游投资、市场开发、产品促销、经营服务等与旅游企业经营行为密切相关领域的决定性作用。二要尽快消除行政分割和地区壁垒，建立统一、公开、平等、规范的市场准入制度，对从事旅游经营的各类企业，都应公平对待，不得区别歧视。

2. 全面深化旅游企业改革，加快建设一批具有国际竞争力的旅游企业集团。一是培育大型旅游集团。进一步创新企业机制，以资产重组为契机，以产权制度改革为内容，以培育多元化的市场主体为着力点，深化现代企业制度建设步伐。坚持以培育主业清晰、发展路径明确、竞争优势明显的大型旅游集团为基本方向，依托有竞争力的旅游企业，实施强强联合、兼并重组、境外并购和投资合作及上市等途径，促进规模化、品牌化、网络化经营，通过市场培育形成一批拥有自主知识产权和知名品牌、具有较强竞争力的大型旅游企业集团，提高产业集中度。二是积极支持中小旅游企业发展。引导和支持中小旅游企业提高经营管理水平和自身市场开拓能力。实施中小旅游企业信息化推进工程，加快推进中小旅游企业服务体系建设。建立中小旅游企业发展专项基金。三是鼓励旅游企业加强品牌建设。引导旅游企业将发展自主品牌作为企业战略重点，支持旅游企业通过自主开发、联合开发、国内外并购等多种方式发展自主品牌。引导企业通过国际参展、宣传营销、质量认证、公共服务平台等多种形式和渠道，提高自主品牌的知名度和竞争力。

3. 深化旅游管理体制改革，推进国家旅游治理现代化。一要深化旅游行政管理体制改革。强化旅游的综合协调、综合治理职能，推进旅游大部制改革。提升旅游部门统筹职能，探索旅游部门统筹协调、整合相关资源、有效促进旅游业健康发展的体制机制。同时，要加强交通、通信等相关部门的协调配合。二要转变政府职能，变“管控旅游”为“服务旅游”，减少对市场主体的直接干预。尽可能简化旅游行政审批，建立高效、便捷的行政审批制度。强化政府市场监管、公共服务职能。三要抓紧完善和改革旅游业统计体制、统计体系和统计制度、统计方法，以全面、科学、准确统计和反映旅游业的发展状况和对国家的综合贡献。

4. 改革和完善法定假期制度，合理享用旅游业资源。抓紧研究实行分散旅客流动政策，特别要抓紧研究解决如何避免“黄金周”期间数以亿计的旅客给交通、旅店、景点造成无法承受的压力和负担。一是严格执行国家关于职工带薪休假制度，通过采取健全法规、支持政策、鼓励办法，务必使职工带薪休假制度法治化、规范化、普遍化。二是按照国务院文件规定，鼓励实行错峰休假、弹性休息。三是研究改革全国所有学校的寒暑假制度。最近有专家研究提出了这个建议，即把总共约两个多月的寒暑假分到全年 12 个月休息，即每个月 5 天，加上每月还有 4 个周末，每月共有 13—14 天的假日。这样，既可以优化旅游资源利用、促进旅游业大发展，也可以改革教育制度、提高教育质量。这是个大胆设想建议，可以深入研究。

（五）大力整顿规范旅游市场秩序

旅游市场秩序混乱，是我国旅游业发展中的痼疾，严重影响着旅游业持续健康发展。近年来，国家旅游局严厉整治旅游市场秩序，收到一定成效，深受社会好评。但问题并没有得到根本解决。必须强化依法治旅，坚持不懈整顿和规范旅游市场秩序。要以构建人民群众满意的旅游市场环境为目标，做到标本兼治、惩建并举，着力完善市场主体退出机制，着力创新旅游监管体制，着力提升旅游服务质量，形成“政府主导、属地管理、部门联动、行业自律、各司其职、齐抓共管”的工作格局，营造文明、有序、安全、便捷、舒适、高效的旅游环境，加快实现市场有序、竞争有序、管理有序、出游有序的目标。

1. 大力开展专项治理行动。大力开展打击“不合理低价游”和强迫购物消费行为专项行动，集中处理一批典型案件。大力开展打击虚假广告、不签订合同、未经游客同意转团或拼团、擅自变更行程、强制购物等行为。大力开展打击出境游“零负团费”专项行动，查处一批违法违规的旅游企业和从业人员。大力开展景区乱收费、随意涨价和变相涨价的现象，坚决维护旅游者合法权益。

2. 转变旅游监管方式。主要抓好“两发布、三建立”。一是发布“全国旅游市场秩序综合水平指数”（TOI），使之成为考核各地政府工作和旅游目的地管理质量的“指挥棒”。二是发布旅游目的地警示，对整治不力、问题多发的重点地方，分级发布红、橙、黄、蓝旅游警示，使其成为游客选择出行的“晴雨表”。三是建立“重点监管区”机制，确定重点监管的区域或企业加强监管。四是建立“旅游纠纷”调解机制，做到调解纠纷关口前移、矛盾纠纷化解前置。五是建立“双随机”抽查机制，随机抽取被检查对象、随机选派检查人员，加强事中事后监管。六是建立综合监管体制，加强综合监管，提高监管效能。七是强化新闻媒体监视监督和鼓励社会公众监管。

3. 健全完善诚信体系。要建立信息共享制度，国家旅游局应将游客不文明记录、旅游经营不良信息记录与国务院有关部门实现共享联合惩戒。要建立旅游失信记录信息发布制度，通过官方网站、微博、微信和新闻发布会等形式，定期发布游客不文明行为记录、旅游经营不良信息记录。要建立服务质量提升制度，推出“中国旅游服务品牌名录”，每年选树一批旅行社、旅游住宿、旅游购物、旅游餐饮、旅游娱乐、旅游客车的旅游服务优质品牌，营造“有信者荣、失信者耻、无信者忧”的氛围，形成自觉遵纪守法、诚实守信的良好新风尚。

4. 引导游客理性消费。开展理性消费宣传，通过典型案例的剖析，引导游客认清虚假宣传、不合理低价游的危害，明明白白消费。普及出行知识宣传，通过公益广告、宣传手册等方式，引导游客选择正规旅行社，签订旅游合同，保留发票、行程单等资料，依法合理维权。

（六）更加重视旅游宣传营销推介

世界旅游强国无不高度重视旅游的宣传推介。亚洲金融危机期间，时任韩国总统金大中在电视上亲身作为韩国旅游的形象大使，呼吁海外游客到韩国旅游。据了解，不少国家成立专门机构，在海外宣传本国的旅游优势。目前，我国独特而丰富的旅游资源、成本低廉而便利的旅游条件，在国外并不是广为知晓，迫切需要加大宣传推介力度，提高国家旅游知名度，努力扩大国际旅游市场份额。与此同时，世界旅游业与其他产业、其他领域的横向和纵向联系更加密切，旅游的领域不断拓展，内涵不断丰富，新的业态不断出现，形成了大旅游的发展格局。我国旅游业的对外宣传推介应纳人国家大外宣战略，一方面，把旅游宣传推介作为民间外交的重要内容和方式，通过旅游渠道扩大中国旅游文化的影响，展示发展成就，树立国际形象，提升国家软实力；另一方面，更有效地动员、整合、协调各方面力量，共同推进旅游对外宣传推介工作，不断改进、提升中国旅游的整体形象和知名度。

一是研究制定“国民旅游宣传推介计划”。通过总体谋划和系统推进，使地方政府、企业、有关部门和社会各方力量得到充分发挥，使各方面的努力形成合力，有效提高旅游对外宣传推介的效果。建议在每年 9 月 27 日的世界旅游日在国内设立“中国旅游节”，以此集中调动各方力量，把各地旅游推介活动不断引向深入。

二是充分利用各种大型国际会展和经贸洽谈、文化交流、体育赛事等，与旅游宣传推介有机结合起来，争取达到一举多得的效果。各级政府在准备相关活动时，应安排旅游主管部门参与，与活动主办方一起共同策划，把旅游推介内容融入活动主题，起到相得益彰的作用。

三是建议中央电视台设立对外旅游频道或旅游专栏，并作为国家大外宣战略的一个重要举措，充分发挥电视在方便、直观地宣传旅游方面的优势。不但要通过旅游频道或专栏向各国广为宣传我国的旅游资源和旅游资讯，而且要争取使旅游频道或专栏本身成为中央电视台外宣和拓展全球业务的一个重要品牌。同时，鼓励有条件的地方充分利用信息技术开设特色旅游频道或栏目，积极开拓特定市场的客源，作为大外宣主渠道的重要补充。

四是实施“网上中国旅游”工程。重视和发挥好网络信息技术的独特优势，把通过互联网系统推介中国旅游作为一项重要工作来抓。建议由旅游主管部门牵头，政府有关部门以及行业组织、企业参与配合，推进相关工作。通过系统策划和设计，以旅游宣传推介、旅游资讯发布、旅游产品和服务网上预订等为主要功能，形成一个信息发布权威、技术标准规范、服务内容丰富、链接便利的开放式的综合网站，打造网上旅游服务的顶级平台，充分发挥其权威效应、综合效应、规模效应和品牌效应。

五是加大区域旅游、景区、景点宣传营销推介力度。所有旅游区域、景区、景点都要增强自我宣介、营销意识，提高宣介营销水平，提升知名度，方便旅客阅知，增强旅游宣介吸引力、感染力。

“大力发展旅游业”。这是一篇内涵丰富的大文章，需要深化理论研究，更需要创新实践行动。我们要抓住机遇，加倍努力，不断开创中国旅游业大发展的新局面、新境界，为全面建设世界旅游强国、实现国家现代化和中华民族伟大复兴的中国梦，作出积极贡献！

（本文系作者 2016 年 1 月 29 日在全国旅游工作会议上作的学术报告）

出 版 人：王昕朋
责任编辑：肖　彭
文字编辑：张　强
封面设计：王立霞

ISBN 978-7-5171-1846-6

定价：10.00元

ཐང་ཟླན་ཙང་དང་ཡེན་ཅིས་བརྩམས།
གུང་མགོན་པོ་སྐྱབས་ཀྱིས་བསྒྱུར།
སྐལ་བཟང་དགེ་ལེགས་རྒྱལ་མཚན་
གྱིས་འགྱུར་བཅོས་མཛད།

༄། །ཆེན་པོ་ཐང་གུར་དུས་ཀྱི་རྒྱ་གར་ཞིང་གི་བགོད་པའི་དཀར་ཆག་བཞུགས་སོ། །

ཀྲུང་གོའི་བོད་རིག་པ་དཔེ་སྐྲུན་ཁང་།